AF596138

CONTRE L'ABSTENTION

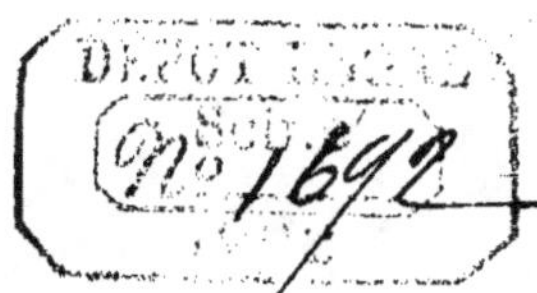

SIMPLE EXPOSÉ

D'ARITHMÉTIQUE ÉLECTORALE

PAR

JEAN DARCY

Prix : **10 centimes**

Prix de propagande : **30 francs le mille**

PARIS

DE SOYE ET FILS, IMPRIMEURS

18, RUE DES FOSSÉS-SAINT-JACQUES, 18

—

1902

CONTRE L'ABSTENTION

SIMPLE EXPOSÉ D'ARITHMÉTIQUE ÉLECTORALE

Le cabinet de M. Waldeck-Rousseau a été accueilli à la Chambre le 26 juin 1899 par 271 députés contre 248.

Ces 271 députés représentaient 2,333,000 électeurs.

Or, il y avait en 1898, dans toute la France, environ 11 millions d'électeurs.

Depuis trois ans, 2,333,000 citoyens ont donc imposé leur volonté à 8,650,000 autres citoyens opposants ou indifférents : singulière application de l'immortelle Déclaration des Droits de l'homme que l'on prétend être la charte sacrée de la république :

Art. 2. — La loi est l'expression de la volonté générale.

M. Waldeck-Rousseau et ses collègues ne peuvent pas ignorer cette situation. Cela ne les empêche pas en toute occasion de se proclamer les grands, les vrais, les seuls représentants du pays. Grave erreur; leur unique droit est de dire : « Nous représentons un Français sur cinq; mais comme nous avons le pouvoir, les quatre autres n'ont qu'à se taire. »

Voici maintenant une autre constatation :

Les 581 députés élus en 1898 représentaient 5 millions d'électeurs sur 11 millions. Cette Chambre qui était censée parler au nom de la France entière ne représentait même pas la majorité des électeurs inscrits.

Peut-on dire, au moins, qu'elle représentait réellement la majorité des électeurs votants? Pas davantage.

En 1898, il y a eu, en France, 8,100,000 votants. Eh bien! que demandez-vous de plus? dira-t-on. Si les députés élus ont recueilli

5 millions de voix sur 8 millions, vous voyez bien qu'ils sont les élus de la majorité. Soit; il y a des députés qui ont pu obtenir la majorité dans leurs arrondissements respectifs, et encore y a-t-il bien des exceptions[1], mais la Chambre ne représente pas l'opinion dominante de cette masse de 8 millions de votants, et nous allons le prouver.

Il ne s'agit pas naturellement de faire ici de la psychologie politique. Qu'un député élu sur un programme libéral, voire conservateur, tombe dans le radicalisme le plus échevelé, à peine a-t-il franchi le seuil du Palais-Bourbon, c'est un fait qui n'est pas rare, surtout quand l'exemple vient d'en haut, mais ceci n'est pas en discussion : restons sur le terrain des chiffres où nous sommes invulnérables. Or les chiffres disent ceci.

Sur le nombre total des députés élus au ballottage du 22 mai 1898, il y en a au moins 51 qui sont les mandataires d'une simple minorité de votants. Ces 51 députés, en effet, n'ont derrière eux que 335,000 électeurs sur 725,000 votants. N'est-ce pas une singulière anomalie, dans un pays où la majorité est soi-disant souveraine, de voir 335,000 électeurs faire passer les candidats de leur choix, tandis que 390,000 autres citoyens ont clairement manifesté une volonté contraire en inscrivant un nom différent sur leurs bulletins de vote?

Comment admettre par exemple que M. Massé, député de Nevers, ait très légalement siégé pendant quatre ans, alors qu'il n'avait recueilli que 4,800 voix contre 13,300 opposants? De même pour M. Vaux, député de Dijon, qui n'en a eu que 7,900 contre 12,000. De même encore pour les quatre députés de Lot-et-Garonne qui ne représentaient que 35,600 électeurs tandis que leurs adversaires malheureux en avaient groupé 42,500. Tels sont quelques-uns des extraordinaires résultats des ballottages.

Continuons notre enquête, et passons dans le département du Rhône. En dépouillant le scrutin des 8-22 mai 1898, nous trouvons que, dans les 11 circonscriptions de ce département, les voix se sont réparties de la manière suivante :

Electeurs ayant voté pour des candidats nettement libéraux, ralliés ou conservateurs : 70,382.

[1] Sur 581 députés, il n'y en a que 141 qui aient été élus par la moitié + 1 des électeurs inscrits dans leurs circonscriptions. Il y en a donc 440 qui, en réalité, sont les représentants d'une minorité.

Electeurs ayant voté pour des candidats radicaux socialistes : 62,416.

Or, la députation de ce département comprend 7 radicaux socialistes et 4 libéraux. La volonté des électeurs est donc complètement faussée, et la députation du Rhône ne correspond en rien à l'opinion des votants [1].

Le même fait se reproduit dans l'Aube, où nous trouvons 32,000 électeurs libéraux contre 31,000 radicaux, tandis que la députation comprend 4 radicaux et 2 libéraux. Ici encore la majorité est renversée.

Dans le Vaucluse et dans l'Allier, où les deux partis se balancent à quelques milliers de voix près, la députation est exclusivement radicale.

Dans le Morbihan, il y a eu 71,000 voix libérales et 39,000 voix radicales, et nous avons 3 députés radicaux pour 4 libéraux seulement.

Dans la Haute-Vienne, il y a eu 33,000 voix libérales et 44,000 voix radicales, et nous avons 1 seul député libéral pour 4 radicaux.

Additionnons les chiffres pour ces six départements où la lutte électorale a été particulièrement ardente et où les partis sont nettement tranchés. Nous trouvons 278,000 voix libérales contre 270,000 voix radicales. Or, sur les 38 députés qu'ils envoient au Palais-Bourbon, nous comptons 11 libéraux contre 27 radicaux.

Cet exemple ne suffit-il pas à démontrer que le classement des partis à la Chambre ne correspond en rien au classement des partis dans le pays?

Ce n'est pas tout. Si la Chambre ne représente ni le pays, ni même la masse des votants, au moins pourrait-on espérer qu'elle représente la fraction du corps électoral dont elle est l'émanation directe. Nos 581 députés ont été élus par 5 millions d'électeurs;

[1] La lutte étant circonscrite aujourd'hui dans le pays comme à la Chambre entre les révolutionnaires et les défenseurs de l'ordre social, nous n'avons pas cru qu'il y eût intérêt à conserver les appellations qui servaient jadis à classer les partis : révolutionnaire, — socialiste, — radical-socialiste, — radical, — opportuniste, — modéré, — libéral, — rallié, — conservateur, — royaliste, — bonapartiste, etc., etc. Nous ne considérons ici que deux partis : 1° Ceux qui, le 14 juin 1898, ont voté pour le cabinet Méline, et, le 25 juin 1901, *contre* la loi des associations : les libéraux; 2° ceux qui ont voté *contre* le cabinet Méline, et *pour* la loi des associations : les radicaux.

peut-on dire que la volonté de ces 5 millions d'électeurs ou du moins de la majorité d'entre eux a force de loi dans l'enceinte du Palais-Bourbon? Voilà encore une affirmation bien téméraire, dont va faire justice une simple opération d'arithmétique. Commençons par mettre en regard du nom de chaque député le nombre des suffrages qu'il a obtenus, c'est-à-dire des seuls électeurs dont il soit le mandataire, et établissons une liste où chacun d'eux occupera le rang que lui donne le nombre de ses mandants, de telle sorte que celui qui en représente le plus soit en tête, et celui qui en représente le moins soit en queue. Il sera dès lors très facile de constater que la moitié + 1 des députés peut parfaitement ne représenter qu'une minorité d'électeurs, et qu'inversement une majorité d'électeurs peut être représentée par une minorité de députés.

Supposez qu'un ministère, ayant posé la question de confiance, obtienne 291 voix contre 290 sur 581 votants. Il triompherait, et n'aurait pas tort, car ce ne serait pas la première fois que les plus graves intérêts nationaux auraient été tranchés à la majorité d'une voix; mais si le hasard avait voulu que ces 291 députés fussent les derniers de notre liste, tandis que les 290 opposants fussent les premiers, le ministère vainqueur à la Chambre serait outrageusement battu dans le pays, car les 291 députés de la majorité ne représenteraient que 1,900,000 électeurs, alors que leurs 290 collègues en représenteraient 3,126,000. Par contre, le même cabinet peut avoir cessé de plaire à la Chambre, et être mis dehors sous les huées, à l'écrasante majorité de 360 voix contre 221, et conserver malgré tout la confiance du pays; car il peut arriver que ces 221 députés représentent 2,517,000 électeurs, tandis que les 360 autres n'en représentent que 2,510,000.

On nous dira que nous arrangeons les chiffres à notre guise, qu'on peut tout tirer des chiffres quand on sait s'en servir, et que, dans la réalité, les députés ne se groupent pas selon le nombre de leurs suffrages. Nous renverrons alors le critique à l'un des scrutins les plus importants de la dernière législature, celui du 12 juin 1899, qui fut l'arrêt de mort du cabinet de M. Charles Dupuy. Le gouvernement ne put rallier que 246 voix, alors que 253 voix se déclarèrent contre lui. Or ces 246 fidèles représentaient 2,177,000 électeurs, tandis que les 253 opposants n'en réunissaient que 2,104,000. M. Dupuy mis en minorité dans la Chambre n'en conservait pas moins la confiance du pays, ce qui n'empêche qu'il dut passer la main à un ministère socialiste révolutionnaire. Je sais bien que, huit jours après, ce ministère révolutionnaire était accueilli à la Chambre par 271 voix contre 248, soit par 2,333,000 électeurs contre 2,064,000, mais il n'en demeure pas moins acquis que le vote décisif qui a forcé à la retraite ce qui restait en France des défenseurs de l'ordre social, et nous a livrés pieds et poings liés aux apôtres du « grand chambardement », était un vote sans portée, puisqu'il n'était que la manifestation d'une minorité.

De cette dissertation purement arithmétique, nous pouvons donc retenir les trois conclusions suivantes :

1° Les députés, organes de la volonté nationale, ne représentent pas la masse du corps électoral;

2° Ils ne représentent pas davantage la fraction du corps électoral qui a participé au scrutin;

3° Ils ne représentent même pas les électeurs dont ils sont les mandataires directs.

Voilà ce que valent les pleins pouvoirs des hommes que, par une singulière aberration, on appelle communément des représentants du peuple. Voilà ce que vaut le prestige de la maison du pont de la Concorde, qu'un de nos plus grandiloquents législateurs aimait jadis à qualifier de temple de la Représentation nationale[1].

[1] Nous empruntons à l'intéressante statistique de M. Simon (Lyon 1901) le tableau suivant qui résume la situation depuis vingt-cinq ans :

(Proportion 0/0 par rapport à la totalité du corps électoral).

	1877	1881	1885	1889	1893	1898
	—	—	—	—	—	—
Voix représentées par les Élus.	49 0/0	45 0/0	43 0/0	45 0/0	44 0/0	46 0/0
Voix battues (recueillies par les concurrents)	32 0/0	24 0/0	34 0/0	32 0/0	26 0/0	30 0/0
Abstentions.	19 0/0	31 0/0	23 0/0	23 0/0	30 0/0	24 0/0
Total des voix non représentées (voix battues et abstentions) .	51 0/0	55 0/0	57 0/0	55 0/0	56 0/0	55 0/0

Il en résulte qu'aucune assemblée, depuis 1877, n'a représenté réellement le pays; que les élus ont toujours été les représentants d'une simple minorité; que, du moment qu'on s'en tient au système majoritaire, les résultats sont également viciés quel que soit le mode de votation adopté (scrutin de liste ou scrutin d'arrondissement). C'est ce qui faisait dire à M. Paul Deschanel : « Avec une pareille organisation électorale, tout notre système politique porte à faux. » (Discours de Lyon, 1er mai 1898.)

II

Cette situation vraiment bizarre a deux causes principales :

L'une tient à notre loi électorale qui applique le même système d'élection purement majoritaire à des circonscriptions prodigieusement différentes.

L'autre vient de l'indifférence criminelle du corps électoral et du nombre énorme des abstentionnistes.

Il n'est plus question à l'heure présente de modifier la loi électorale, il n'est pas mauvais cependant, à la veille d'une nouvelle législature, d'en faire ressortir les incohérences.

Si toutes les circonscriptions étaient égales entre elles il est clair que chaque député ayant la majorité des votants dans son collège (sauf parfois en cas de ballottage), l'ensemble des députés représenterait forcément la majorité de l'ensemble des votants. Mais il n'en va pas ainsi. La loi accorde en principe un député à chaque arrondissement, sans se préoccuper de la population, si bien que, tantôt il suffira à un candidat de réunir quelques centaines de voix pour être élu, pendant qu'ailleurs, un candidat moins favorisé s'évertuera à recruter plusieurs milliers d'électeurs. Or, de par la Constitution, tous les députés représentent chacun la cinq cent quatre-vingt unième partie de la souveraineté nationale. Ils ont un pouvoir législatif égal, bien qu'en réalité leur pouvoir représentatif varie dans la proportion de trois à cent. Voilà qui explique, sans chercher plus loin, pourquoi la France n'est pas l'image du pays.

Reprenons, en effet, la liste précédemment établie. Nous y voyons en tête l'honorable M. Henrique-Duluc, qui fait grande figure à la tête de ses 31,975 Hindous. Le dernier sera l'honorable M. Le Myre de Vilers, qui ne présente qu'un bataillon réduit de 936 Cochinchinois. Nous sommes bien forcé, soit dit en passant, de faire état dans la présente discussion des circonscriptions coloniales, puisque, par une singularité unique dans les annales de tous les peuples, la loi française reconnaît à une foule de citoyens noirs, jaunes, rouges ou cuivrés, le droit de gérer les affaires des Français. Si les nègres de la Guadeloupe profitent de l'occasion pour témoigner leur confiance à leur fétiche, il n'y a pas lieu de s'en étonner. Bornons-nous à espérer que le citoyen Legitimus, qui chez lui fait des incantations au-dessus de marmites bouillantes, pour guérir les misères des vieilles négresses, a puisé dans ses fréquentations intimes avec les esprits supérieurs de l'éther, des lumières suffisantes pour voter en connaissance de cause sur la question du budget des cultes.

Mais si l'on préfère s'en tenir à ce qui se passe en France, nous opposerons l'un à l'autre l'honorable M. Regnault, député de Coutances avec ses 16,850 électeurs, et l'honorable M. Robert, député de Sisteron, qui ne nous en offre que 2,100 [1].

Ces deux députés ont à la Chambre un droit de vote égal, mais il est bien évident que la fraction de la souveraineté nationale représentée par le second est huit fois moins grande que la fraction représentée par le premier, et qu'il faudrait en bonne justice, ou bien que les gens de Coutances aient 8 députés au lieu d'un seul, ou bien que M. Regnault disposât à la Chambre de 8 bulletins de vote, contre un seul concédé à M. Robert. Dans l'exemple proposé, le Midi triomphe et le Nord est sacrifié, et ce qui achève de rendre la situation tout à fait piquante, c'est que les deux honorables députés que nous mettons en regard ont le plus souvent voté en sens contraire. Si les 16,850 Normands de M. Regnault avaient tant soit peu d'amour-propre, ils devraient trouver fort mauvais que leur volonté ait été régulièrement annulée par la simple fantaisie de 2,100 Dauphinois.

Ceci n'est pas un fait isolé. Le chiffre moyen d'électeurs pour chaque député est 8,600 environ; 85 députés seulement approchent de cette moyenne; 165 se tiennent au-dessous et 331 la dépassent. A l'une des extrémités de la liste nous en trouvons 9 qui représentent chacun plus de 15,000 électeurs; à l'autre extrémité, nous en trouvons 9 également qui en représentent moins de 3,000. Les 9 premiers ont ensemble 161,000 électeurs; les 9 derniers n'en ont que 21,000 et, malgré tout, ces 18 députés sont égaux en droits sur les bancs du Palais-Bourbon.

[1] Le présent travail a été fait sur les résultats électoraux des 8-22 mai 1898. Nous n'avons pas tenu compte des élections partielles survenues depuis lors, et qui d'ailleurs ne changent en rien l'ensemble des faits. M. Robert est décédé et a été remplacé par M. Hubbard au cours de la législature.

Et voilà pourquoi « le Temple de la Représentation nationale » abrite une divinité terriblement « avariée ».

Il arrive souvent qu'aux jours d'orage, dans le tumulte des vociférations qui s'entrecroisent et des gifles qui claquent de toutes parts, une voix s'élève pour protester contre l'intolérance de l'assemblée : « Vous ne m'empêcherez pas de parler, Messieurs », et l'orateur se cramponnant furieusement à la tribune : « Je suis ici, reprend-il, au même titre que vous tous. » Dangereux argument, que seul pourrait employer en toute sécurité l'honorable M. Henrique-Duluc, député de Pondichéry, car il n'y a pas un seul de ses 580 collègues qu'un adversaire discourtois, mais logique, ne pourrait démonter par les plus cinglantes ripostes.

Comment réformer cette situation? Comment obtenir que chaque électeur soit représenté au Parlement par un mandataire de son choix, ou du moins que chaque opinion ait au Parlement un nombre de délégués proportionnel à son importance dans le pays?

Il n'y a qu'un seul moyen : c'est d'établir en France le régime de la représentation proportionnelle. Ce ne sont pas les systèmes qui manquent. Le tout est d'élire des députés qui veuillent bien s'occuper des affaires du pays au lieu d'échanger des injures et des menaces d'un bout à l'autre de l'année. Si l'on a récemment reculé devant la grosse difficulté de modifier toute notre organisation électorale à la veille du scrutin, au moins n'aurait-il pas fallu en aggraver encore les inconséquences en bouleversant toutes les circonscriptions pour des motifs inavouables. Or c'est précisément ce qu'a fait une des dernières lois votées par la Chambre qui vient de finir. Pour favoriser la réélection de tel ou tel député ministériel, on a modifié à tort et à travers l'état des circonscriptions existantes, à Tournon par exemple, dans le Nord et dans une infinité d'autres départements. On n'a pas hésité, en maint endroit, à augmenter l'inégalité des circonscriptions; on aura ainsi accru, au lieu de les avoir diminués, les vices de notre législation.

III

Telle est l'influence d'une loi mal faite.

Toutefois, si défectueux que soit l'instrument, il ne suffit pas à expliquer comment 2,333,000 électeurs ont pu, pendant trois ans, faire prévaloir leur volonté sur celle de 8,650,000 autres citoyens.

Ici, c'est le peuple lui-même qui est le grand coupable, et les abstentionnistes sont les pires ennemis de la patrie.

En 1898, on a compté 2,700,000 abstentions, soit le quart du total des électeurs inscrits.

De ce chiffre énorme, il faut défalquer environ un quart pour tenir compte des militaires, des absents, des malades et des morts (encore que dans beaucoup de régions, les morts s'obstinent non seulement à figurer sur les listes, mais même à voter). Restent en chiffres ronds 2 millions d'abstentions non justifiées.

Or, où se recrutent les abstentionnistes?

Est-ce parmi la partie tumultueuse de la population, parmi les déserteurs des champs et des ateliers, qui courent les rues, les cabarets et les réunions publiques à la remorque des faiseurs de phrases, des violents et des ambitieux? Assurément non.

Tout le monde connaît l'amusante caricature qu'un de nos plus spirituels écrivains a fait d'un de ces agités qui cherchent un tremplin électoral dans les convulsions politiques. M. Cardinal, c'est le nom de ce candidat, était en tournée. Il avise un électeur qui labourait son champ : « Eh bien, mon ami! — Eh bien, « Monsieur Cardinal! — Vous remuez votre champ? — Comme « vous voyez. — Et s'il n'était pas remué votre champ, qu'est-ce « qui arriverait? — Dame, il arriverait qu'il ne produirait rien. « — Voilà où je voulais vous amener. Le pays est comme votre « champ; il a besoin d'être remué, toujours remué. — Ah! ce « n'est pas la même chose, mon champ a besoin d'être remué, « et le pays a besoin d'être tranquille. — Voilà bien les paysans, « disait M. Cardinal en bondissant à chaque mot... » Les voilà, en effet, et ils sont des millions en France qui pensent comme l'électeur de M. Cardinal. Il ne s'agit que de recueillir et d'utiliser leurs votes. Ils sont la grande force de tout gouvernement sérieux, car ils sont toujours prêts à envoyer au Parlement cette fameuse majorité compacte et homogène que tous les ministères cherchent sans la trouver. Ils existent aujourd'hui, n'en doutez pas, comme ils ont existé dans le passé, et existeront toujours. C'est la sève puissante de la France; c'est son âme immortelle; c'est le roc inébranlable sur lequel la France a bâti ses fondations. Ce sont ces masses laborieuses et sages qui ont fécondé le sol de la patrie, qui conservent ses traditions de travail et d'honneur, qui ont fait sa gloire, sa fortune et sa grandeur, qui, à toutes les époques de son histoire, ne lui ont refusé ni leurs sueurs ni leur sang. Aujourd'hui encore, ce sont elles qui tiennent son sort entre leurs mains. Il n'est que trop facile de le prouver.

Dans la Chambre de 1898 les députés radicaux-socialistes-révolutionnaires qui ont constitué la majorité du cabinet Waldeck-Rousseau avaient obtenu aux élections 2,333,000 voix.

Les défenseurs de la liberté n'en avaient recueilli que 2,064,000.

A cette armée de travailleurs libéraux, patriotes, sachant faire leur devoir de citoyens, joignez les deux millions d'abstentionnistes indifférents ou trop soucieux de leurs intérêts immédiats pour se préoccuper de la destinée du pays, et la minorité se serait transformée en majorité écrasante.

Qui ne vote pas trahit sa patrie, car le sort du pays tient souvent à quelques voix.

En 1898, on peut relever 51 circonscriptions où l'écart des suffrages entre le candidat libéral et le candidat radical-socialiste-révolutionnaire a été inférieur à 1000. Dans ces 51 circonscriptions les 51 candidats radicaux-socialistes-révolutionnaires l'ont emporté avec une majorité globale de 23,500 voix, alors que les abstentions se sont élevées à 216,000, soit environ, si l'on défalque un quart du total, 162,000 abstentions injustifiées de citoyens qui ont refusé ou négligé d'exercer leur part de souveraineté.

Allons plus loin encore.

Le 26 juin 1899, le cabinet Waldeck-Rousseau se présentant pour la première fois à la Chambre obtenait 23 voix de majorité. Pour renverser la majorité il aurait donc suffi de déplacer 12 voix. Or, il est très facile de découvrir parmi les soutiens du cabinet 12 députés radicaux-socialistes-révolutionnaires qui ne l'ont emporté sur leurs concurrents libéraux qu'à des majorités infimes. Ce sont notamment :

M. Castillard élu à 11 voix de majorité.

M. Colliard élu à 21 voix de majorité.

M. de Lannessan élu à 22 voix de majorité.

M. Létang élu à 25 voix de majorité.

Viennent ensuite huit autres députés dont le dernier, M. Odilon Barrot, n'avait que 232 voix de majorité. Pour ces douze circonscriptions l'écart total des voix entre les candidats radicaux-socialistes-révolutionnaires proclamés élus et leurs concurrents libéraux n'était que de 1055, et le nombre total des abstentions de 44,000.

La conclusion s'impose.

Si, aujourd'hui, la France court à l'abîme, si l'armée est ébranlée, le drapeau traîné dans la boue, le déficit installé dans nos finances : si l'impôt augmente chaque jour, écrasant notre industrie et notre commerce, si la propriété est menacée, la liberté de conscience outragée...

C'est parce que, le 8 mai 1898, il a plu à 1055 citoyens de rester chez eux, dans leurs champs ou leurs ateliers au lieu d'aller voter.

PARIS. — L. DE SOYE ET FILS, IMPRIMEURS, 18, RUE DES FOSSÉS-SAINT-JACQUES.

www.ingramcontent.com/pod-product-compliance
Lightning Source LLC
LaVergne TN
LVHW012018170826
845678LV00004BA/1539

* 9 7 8 2 3 2 9 6 3 1 1 0 3 *